Heiratsvermittlung und Heiratsanzeigen

Von

Viktor Mataja

München und Leipzig
Verlag von Duncker & Humblot
1920

Alle Rechte vorbehalten.

Altenburg S.-A.
Pierersche Hofbuchdruckerei
Stephan Geibel & Co.

Heiratsvermittlung und Heiratsanzeigen[1]).

Heiratsvermittlung und Heiratsanzeigen sind Hilfen zur Anbahnung des Verkehrs zwischen Ehelustigen und damit von Ehen. Sind sie eine billigenswerte, sich in unsere Lebensordnung überhaupt zwanglos einfügende Erscheinung oder bilden sie etwas Regelwidriges, eine Art Seltsamkeit ohne weiteren Belang?

Der Verkehr der Menschen unter sich umfaßt nun die verschiedensten Gebiete. Man schließt Geschäfte aller Art ab, knüpft gesellschaftliche Beziehungen und Freundschaftsbünde, geht Ehen ein. Grunderfordernis für das Zustandekommen eines Verkehrs ist das Sichfinden der einander ergänzenden Parteien. Dies geschieht entweder auf kunstlose Weise durch den gewöhnlichen Gang des Lebens, wobei mehr oder weniger reiner Zufall mitspielt, oder mit Hilfe eigens dem Zwecke des Zusammenbringens dienlichen Einrichtungen. Sie laufen hinaus auf planmäßige Ausschaltung des Zufalls, wenngleich dies nicht immer vollständig gelingt. Bei den Eheschließungen herrscht die erstere Vorgangsweise. Auch bei ihnen kommen übrigens, gleichwie auf anderen Gebieten, allerlei Mischformen vor, wie zum Beispiel die Gefälligkeitsvermittlung, Veranstaltungen, die die Jugend zusammenbringen mit dem Hintergedanken, Bekanntschaften einzuleiten. Die nächste Frage ist nun: Wie liegen die Verhältnisse bei der herrschenden Art des Sichfindens?

---

[1]) Erweiterte Wiedergabe eines in der Deutschösterreichischen Gesellschaft für Bevölkerungspolitik (Wien) am 27. April 1920 gehaltenen Vortrages.

Je nach der Antwort auf diese Frage wird es angemessen sein, auf bestimmte Vorkehrungen zu sinnen.

1.

Eine gute Ehe gehört zu den größten Glückserlebnissen, die dem Menschen beschieden sein können. Sie beruht auf dem Sichfinden der füreinander Passenden. Dieses Passen selbst ist vor allem gebunden an den Einklang der persönlichen Eigenschaften, daneben auch an die Erfüllung von allerlei äußeren Bedingungen.

Bleiben wir zunächst bei der persönlichen Seite. In einem gewissen Grade muß jedenfalls ein Zusammenpassen vorhanden sein, wenn man einer Verbindung überhaupt den auszeichnenden Namen der Ehe mit Recht soll beilegen können. Das Hochziel ist natürlich echte, treue Liebe, volle Ergänzung des einen Teils durch den andern. Im einzelnen Falle, in der rauhen Wirklichkeit mag man ja die Ansprüche von vornherein herabstimmen. Aber wohl jeder gut veranlagte Mensch trägt wenigstens in seiner Jugend die Sehnsucht in seiner Brust, jenem Lebensgefährten zu begegnen, mit dem er, eins in Herz und Gedanken, den oft so rauhen Weg durchs Leben zurücklegen kann.

Wie vielen wird beschieden sein ihn wirklich herauszufinden? Wie viele glückliche Ehen gibt es?

Hierüber wurden schon sehr trübe Schätzungen laut. Der aus 1911 stammende etwas streitbare Aufruf der Internationalen Vereinigung für Mutterschutz und Sexualreform[1] spricht davon, daß die Ehen fast in der Mehrzahl der Fälle glücklos seien. Andere halten den Ehen unserer Zeit wenigstens oder obendrein vor, daß sie zum überwiegenden Teile aus Geld- und verwandten Zweckmäßigkeitsgründen zusammengeführte Verbindungen seien. So glaubt Max Nordau[2], daß unter zehn Ehen, die inner-

---

[1] Mutterschutz und Sexualreform (Breslau 1912), S. 135.
[2] Die konventionellen Lügen der Kulturmenschheit, S. 274.

halb der Kulturvölker Europas überhaupt geschlossen werden, neun zur Gruppe der konventionellen gehören; J. Bloch[1]) begnügt sich damit anzunehmen, daß mindestens 75% der modernen Ehen sogenannte konventionelle und keine eigentlichen Liebesheiraten wären. Alle diese Annahmen sind natürlich unsicher, bei der so hohen Bezifferung der auf praktischen Erwägungen beruhenden Ehen spielt offensichtlich die Übertragung der besonderen Wahrnehmungen über die höheren Stände auf die Allgemeinheit mit, während doch bei der großen Masse der Besitzlosen die eigentliche Geld- und Konvenienzehe von selbst stark zurücktritt. Der Zug der Kulturentwicklung hat überhaupt die Liebe zwischen Mann und Weib bei der Eheschließung erst zur Geltung gebracht, nicht aber an Bedeutung zurückgedrängt, hat die Freiheit der Wahl befördert[2]). Auch deckt sich die Zahl der ungünstig verlaufenden Ehen nicht mit jener, bei der unrichtiges Zusammenfügen die Ursache der Glücklosigkeit bildet, weil Störungen des ehelichen Lebens auch durch andere Anlässe hervorgerufen sein können.

Bezeichnend für die Verhältnisse ist freilich, daß die Ehescheidungen in Deutschland gleichwie in den meisten Staaten stark zunehmen[3]). Ob die Erscheinung mehr verursacht ist durch rückläufige Beschaffenheit der Ehen oder durch Abnahme der Geneigtheit, ein unerwünscht gewordenes Band weiter zu ertragen, bleibe dahingestellt — erfreulich ist die Beobachtung gewiß nicht.

Mögen also diese oder jene Annahmen besser zutreffen, sicher ist wohl, daß es eine belangreiche Zahl von Ehen gibt, bei

---

[1]) Sexualleben unserer Zeit (Ausgabe 1909), S. 226.
[2]) Vgl. J. Bloch, Sexualleben unserer Zeit, S. 236; A. Forel, Die sexuelle Frage (Ausgabe 1913), S. 193; Post, Studien zur Entwicklungsgeschichte des Familienrechts, S. 166f., Bausteine für eine allg. Rechtswissenschaft I. 119, II. 123, Anfänge des Staats- und Rechtslebens, S. 32.
[3]) Siehe die Übersichten im Annuaire international de statistique II. Mouvement de la population (Europe), 1917.

denen schon die Wahl der Gatten offenbar mißglückt oder mindestens nicht ausreichend geglückt ist.

Woran liegt das? Eine Ursache will ich ausscheiden, weil es wenig Hilfen gegen sie gibt: die Blindheit bei der Wahl. Hier liegt die Schuld offenbar nicht an den Verhältnissen, sondern an Mängeln der Einsicht oder Selbstbeurteilung. Auch im bestausgestatteten Laden kann ich aus Übereilung oder Unverständnis eine für mich ungeeignete Ware erstehen.

Bleibt also noch der andere Erklärungsgrund: man ist zur Heirat geschritten, weil man Sinn und Neigung für die Ehe hat, aber auf einen passenderen Gefährten nicht gestoßen ist. Liegt das nun daran, daß es überhaupt keinen richtigen gab oder daß man bloß ihn nicht gefunden hat?

Beides ist möglich, das erstere jedoch höchst unwahrscheinlich. Mag sein, daß ein Mensch so ungesellig, so eckig, so sonderlich veranlagt ist, daß in der Tat niemand zu ihm recht paßt. Regel ist dies gewiß nicht. Die allermeisten Menschen sind mehr typisch, es überwiegen im ganzen und bei den einzelnen Eigenschaften die mittleren Grade, nicht die äußersten Fälle. Wenn wir nun erwägen, daß es jederzeit geradezu Millionen heiratsfähiger Menschen gibt, in jedermanns Nähe zum mindesten Tausende, wenn wir uns ferner vergegenwärtigen, daß jeder Mensch anders ist als der andere, daß somit unzählige Spielarten und Mischungen der Eigenschaften vorkommen, daß jeder Stand, jede soziale Gruppe schon in sich reiche Auswahl bietet, die Gattenwahl übrigens nicht notwendigerweise auf die eigene Klasse beschränkt ist, wenn wir dies alles erwägen, so müssen wir es als durchaus unwahrscheinlich, ja fast als ausgeschlossen ansehen, daß nicht für jeden, die schon erwähnten Ausnahmefälle etwa abgerechnet, eine geeignete Gegenpartei da wäre. Vermutlich gibt es sogar regelmäßig mehrere, ja viele von solchen.

Zuzugeben ist, daß mit der Zunahme der Kultur und Bildung die Eigenart der Menschen wächst, daß die neuzeitlichen Lebens=

anschauungen und Lebensverhältnisse die Einordnung der eigenen Persönlichkeit in eine andere erschweren, daß also heutzutage leichter gewisse Behinderungen für die reibungslose Betätigung einer so engen und deshalb stets manche Entsagung erfordernden Verbindung bestehen, wie es die Ehe ist. Das besagt aber doch wohl nur, daß die richtige Auswahl schwieriger, der Genüge leistende Kreis enger geworden ist, nicht aber, daß an sich zur wechselseitigen Ergänzung geeignete Parteien fehlen. Die füreinander Berufenen finden sich also nicht. Was heißt das aber? Nichts anderes als eine Einbuße an Lebensglück und Lebensinhalt, wie sie nicht leicht empfindlicher gedacht werden kann in unserm an Gütern höchster Ordnung nicht überreichem Dasein. Was bedeuten unsere technischen, unsere wirtschaftlichen Fortschritte dem Menschen, wenn er auf dem so entscheidenden Gebiete der Beziehungen der Geschlechter einsam durchs Leben geht oder, noch schlimmer, einsam bleibt in ständiger Gesellschaft, in freudloser Ehe?

Aber auch wenn wir die Ansprüche herabstimmen und nicht bloß an Ehen denken mit Höchstleistung an Liebe und Hingebung, wenn wir uns also auch mit Bündnissen zufrieden geben, die wenigstens in Anbetracht aller Verhältnisse noch als wohlgeraten gelten können, so läßt uns selbst dieser schon etwas bescheidenere Maßstab nur zu häufig im Stich, wenn wir auch nicht, wie schon berührt, allzu trübe Schätzungen ohne weiteres hinnehmen wollen.

Scheiden wir nun jene Fälle aus der Betrachtung aus, bei denen die Ursache des Versagens nicht an Mängeln der ursprünglichen Wahl, sondern an sonstigen Vorkommnissen gelegen ist. Beschränken wir uns also auf jene Ehen, bei denen die Quelle des Übels darin besteht, daß man sich statt mit einem — voraussichtlich vorhandenen — richtigen Genossen mit einem minder oder gar nicht passenden zusammengeschlossen hat zu jenem Bunde, den, wenn schon nicht Glaubenslehren und Gesetze, so doch die zwingenden Verhältnisse des Lebens zumeist zu einem machen, den erst der Tod scheidet. Lohnt es sich nicht hierfür nachzudenken, ob es etwas zu bessern gibt?

In der Tat erscheint nämlich, trotz der voraussichtlich vorhandenen großen Anzahl füreinander geeigneter Personen, die Auswahls- und Treffmöglichkeit im allgemeinen gering. Vermutlich gibt es reichlich Menschen, die in der für die Eheschließung besten Zeit kaum ein paar Dutzend Angehörige des andern Geschlechts kennenlernen, mit denen eine Heirat ernstlich in Betracht kommen kann; schon günstige Umstände müssen da sein, wenn die Zahl auf hundert steigt. Der Kreis ist eben beschränkt auf zufällige, persönliche Bekanntschaften, auf Menschen, mit denen das oft so abgeschiedene Leben in Berührung bringt. Die Formen des geselligen Verkehrs erschweren dabei, selbst wenn es schon zu einem Zusammentreffen kommt, häufig nur zu sehr ein wirkliches Kennenlernen. Kein Wunder also, daß man oft das zuverlässig Passende nicht findet, mit dem Halb- oder Nichtpassenden vorliebnimmt oder, vielleicht das Ergreifendste, dem Gut- und Bestpassenden erst begegnet, wenn es zu spät ist. Zu spät für immer.

2.

Welche Wirkungen haben nun die durch die Beschränktheit des überblickbaren Kreises hervorgerufenen Erschwernisse der Wahl in bevölkerungspolitischer Hinsicht?

Die hierfür bedeutsamen Erscheinungen decken sich mit jenen, die sich vom Gesichtspunkt des Menschenglücks aus ergeben, und umfassen folgendes:

eine mehr oder minder erhebliche Zahl von schlechten Ehen oder wenigstens von solchen, die nicht das leisten, was bei richtiger Zusammensetzung möglich wäre;

Ehelosigkeit trotz Eignung zur Ehe an sich, wenn man einen befriedigenden Genossen nicht findet;

zum mindesten Spätehe, wenn man den richtigen nicht rechtzeitig entdeckt.

Unter bevölkerungspolitischen Rücksichten seien jene verstanden, die sich auf Zahl und Beschaffenheit des Nachwuchses beziehen. Von diesen aus bildet schon jede nicht genügend gut geratene Ehe einen Nachteil. Ihr Anblick mag die Ehelust anderer dämmen, sie trägt, weil weniger widerstandsfähig, im Falle ungünstiger Einflüsse in erhöhtem Maße in sich die Gefahr des völligen Bruches und zum mindesten dann auch des vorzeitigen Abschneidens weiteren Nachwuchses; sie bietet infolge der Zwietracht und des Auseinandergehens der Eltern mindere Gewähr für eine gute Betreuung bereits vorhandener Nachkommen.

Ehelosigkeit unterbindet die am meisten Aussichten für Reichlichkeit und gute Aufzucht eines Nachwuchses bietende eheliche Fortpflanzung und unterstützt die bevölkerungspolitisch so verhängnisvolle Verbreitung von Geschlechtskrankheiten.

Auch Spätheiraten bergen mannigfache Gefahren. Gerade in neuester Zeit findet daher die Frühehe Lobredner, eigene Schriften widmen sich ihrer Vertretung[1]), in den bevölkerungspolitischen Abhandlungen wird ihrer häufig empfehlend gedacht. Tatsächlich läßt sich eine Reihe von Erwägungen für sie geltend machen, wobei hier übergangen werden kann, welche Ehen etwa zu den Frühehen gerechnet werden können. Selbstverständlich sollen vorzeitige, verfrühte Verheiratungen keine Befürwortung finden. Für Frühehen sprechen nun folgende Umstände: die Annahme, es sei nur natürlich, daß der Mensch in voller Jugendkraft, noch unausgegeben und unabgestumpft, die Ehe eingeht — die leichtere Anpassung des Jugendlichen, noch nicht steif Gewordenen an den neuen Gefährten und die neue Lebens-

---

[1]) Siehe v. Kapf, Die Frühehe, ihre Voraussetzungen und Folgen (1916); Paul Krische, Jugendehe (1918).

lage — die Härte, die es einschließt, wenn die Zeit regsamsten Geschlechtstriebes verpaßt wird — die Gefahr, daß infolge der Hinausschiebung der Ehe sich der Zug zum andern Geschlecht Luft mache in ungeordneten Formen mit all ihren Bedenklichkeiten für Leib und Seele. Frühe Eheschließung eröffnet auch Aussicht auf reichlicheren Kindersegen, rückt das Alter von Eltern und Nachkommen mehr zusammen, sichert daher diesen, wenn sie heranwachsen, in ihren Erzeugern rüstige, der Gefühlswelt der Jugend noch nicht allzusehr entfremdete Freunde und Führer, und engt eben wegen der Altersannäherung die Gefahr der Verwaisung in der Zeit ausgesprochener Unselbständigkeit ein. Die Gewohnheit frühen Heiratens bringt in einer gegebenen Zeit mehr Generationen zum Entstehen und ist daher auch als das Wachstum der Bevölkerung stark förderlich anzusehen[1]).

Die Mängel und Verzögerungen des Sichtreffens äußern ihre Wirkung aber auch auf die **Beschaffenheit der Bevölkerung und ihres Nachwuchses**.

Ganz allgemein sei gesagt: Behinderung der Auswahl gestattet, fördert zum mindesten das Anbringen von Minderwertigen. Auch beim Einkauf nimmt man das Schlechtere, wenn das Bessere nicht zur Hand ist. Wir dürfen die Zuchtwahlinstinkte der Menschen gewiß nicht als unfehlbar ansehen, aber voraussichtlich würde doch ein erschöpfender Überblick bei der Gattenwahl dazu führen, daß in erhöhtem Maße die Besserbegabten an die Reihe kämen und die Minderausgestatteten zurückgedrängt würden. Die Aussicht der letzteren, Anwert zu finden, steigert sich eben bei Unterbindung der Auswahl. Dann aber ist noch das Folgende zu beachten.

Die durch Besitz, geistige oder leitende Arbeit emporgehobenen Bevölkerungsschichten, die man nach einem etwas veralteten

---

[1]) Galton, Genie und Vererbung, S. 375 f.

Ausdruck auch als die höheren Stände bezeichnet, weisen nach verbreiteter Ansicht eine etwas überdurchschnittliche Begabung auf. Begabungsuntersuchungen an Schülern aus verschiedenen sozialen Schichten und anthropologische Untersuchungen, so über Gehirngewicht, bestätigen die Annahme[1]). Die oberen Klassen besitzen aber auch allgemein eine geringere Fruchtbarkeit. Namentlich bei wirklich geistigen Berufen, wie Professoren, höheren Beamten, zeigt sich stark Armut an Nachkommenschaft. Desgleichen ist der Vermehrungstrieb gering in den großen Städten, in denen sich so viel vorwärtsstrebende Menschen zusammenziehen.

Diese Erscheinungen haben schon lebhafte Besorgnis erweckt. In der Tat führen sie zu einer ständigen Herabdrückung des Veranlagungsdurchschnittes. Die durch die verhältnismäßig schwächere, ja selbst bis zur Unzulänglichkeit der Deckung des eigenen Abganges abgedämpfte Fortpflanzung der höher veranlagten Gruppen geschaffene Sachlage wird verschärft durch den sozialen Aufstieg. Er führt Höherwertige hinauf, gewiß nicht nur solche, aber doch in stärkerem Maße als Durchschnitts- oder Minderwertige. Die Emporgestiegenen, die also eine Masse von überdurchschnittlichem Veranlagungswert darstellen, reihen sich in die oberen Stände ein und werden daselbst von der Fruchtbarkeitshemmung ergriffen. Zahlenmäßig muß sich also das Verhältnis zuungunsten der Träger höherer Erbwerte verschieben.

Sind Wirkungen dieser Vorgänge bereits erkennbar, die im letzten Jahrhundert wegen der wesentlich verstärkten Aufstiegmöglichkeiten in gesteigertem Ausmaße eingesetzt haben? Europa — auch die maßgebenden Weststaaten — hatte zu Beginn des 20. Jahrhunderts etwa doppelt soviel Bewohner wie anfangs

---

[1]) Der Kürze halber sei hier nur auf Schallmayer, Vererbung und Auslese (3. Aufl., 1918), S. 225f., verwiesen.

des 19.; in noch stärkerem Maße ist das Städtewesen gewachsen, die Schulbildung hat sich ausgebreitet, Schranken für das Vorwärtskommen sind gefallen, die Gelegenheiten zum Aufstieg haben durch die Entwicklung demokratischer Einrichtungen zugenommen, ausgedehnte Schichten sind wohlhabender geworden. Der Kreis der Menschen hat sich also unendlich ausgedehnt, aus dem etwa vorhandene hervorragende Talente für Politik, Wissenschaft, Kunst, Betätigung aller Art sich wirklich zur Geltung bringen können. Ich finde aber durchaus nicht, daß wir derzeit in der Tat so ungleich mehr erstklassige mitreißende Kräfte am Werke sehen, wie es nach dem Dargestellten der Fall sein sollte. Das Verhältnis dürfte ein bedenklich ungünstigeres sein. Bestimmte Beweise lassen sich freilich schwer erbringen, auch möchte ich keineswegs irgendwelchen Zeitgenossen unrecht tun. Zum mindesten scheint mir eine Betrachtung der Gegenwart und der in ihr wirkenden, an oberste Stelle einzureihenden Kräfte einen Beweisgrund gegen die Besorgnis eines Rückganges des Anlagenwertes der Bevölkerung nicht abzugeben, soweit sich dieser in Höchstleistungen äußern müßte.

Jedenfalls hat sich die Aufmerksamkeit der Bevölkerungspolitiker längst schon der Frage zugewandt, wie man die Fruchtbarkeit der oberen Klassen hinaufsetzen könnte.

Mit dem Gegenstand stehen aber auch die Mängel des Sichfindens in Zusammenhang. Gerade die Angehörigen der bezeichneten Klassen müssen als unterschiedlicher gelten, haben mehr eigenartige Verhältnisse. In dieser Richtung wirken schon die großen bei ihnen vorhandenen Verschiedenheiten von Bildung, Erziehung, Beruf, Lebensstellung. Bei der obersten Schicht erleichtert zwar die Kleinheit und die damit gegebene Überblickbarkeit des Kreises der Standesgenossen, dann auch die rege Beteiligung am gesellschaftlichen Leben die Auswahl; bei der großen Gruppe des Mittelstandes hingegen äußern sich die das Finden eines geeigneten Lebensgefährten erschwerenden

Umstände in voller Schärfe. Möge also immerhin beim Mittelstand der Aufschub der Verheiratung oft als durch die wirtschaftliche Lage aufgenötigt, die stark vorhandene Ehelosigkeit vielfach als eine durchaus gewollte erscheinen — abzuweisen ist die Annahme nicht, daß auch die Schwierigkeiten des Entdeckens befriedigender Ehegelegenheit den Grund für Unterlassungen oder Hinausschiebungen der Heirat eine Rolle spielen. Prof. Stigler spricht auch aus, daß er durch Erfahrung und vielseitige Umfragen zu dem Schlusse gelangt sei, nicht nur finanzielle Erwägungen, sondern auch die mangelnde Gelegenheit zur Gattenwahl sei ein Hauptgrund für die im Vergleiche zum Proletariat außerordentlich geringe Vermehrung der Mitglieder der höheren Stände. Er gedenkt dabei des Umstandes, daß gesellschaftliche Veranstaltungen, die der Gattenwahl dienen sollen, gerade dem größten Teil der Töchter des gebildeten Mittelstandes nur in sehr beschränktem Maße zur Verfügung stehen, teils weil die Eltern auf dem Lande ansässig sind (Landärzte, Beamte usw.), teils weil die Mittel zur Beteiligung fehlen, die Töchter im Hause tätig sind usw.; gerade solche Mädchen wären aber für die Ehe viel mehr geeignet als die überall zu findenden Lebedamen. Ähnliches gilt nach ihm auch für die den Männern zur Verfügung stehende Auswahl und er gelangt daher zum Schlusse: „Unsere Gesellschaftsordnung begünstigt entschieden die Gattenwahl der Minderwertigen und erschwert sie den Tüchtigen, Fleißigen und ernst zu Nehmenden."

3.

Das richtige und rechtzeitige Sichfinden ist also der Schlüssel zur Lösung vieler Schwierigkeiten. Die Eheschließung teilt hierbei, wie schon zu Beginn berührt, das Schicksal der übrigen menschlichen Verkehrsbeziehungen. Überall kommt es nicht bloß auf ein Finden in groben Umrissen an, sondern auf das mit genügender Vollständigkeit. Will ich beispielsweise ein

Haus kaufen, so ist es wichtig, daß ich überhaupt mit Leuten zusammentreffe, die ein Haus abgeben wollen. Einen gesteigerten Wert hat es aber, wenn ich nicht bloß irgendwelche Verkaufslustige auftreibe, sondern jene, die etwas anzubieten haben, was gerade meinen Bedürfnissen besonders entspricht. Andernfalls würde ich genötigt sein, entweder auf den Kauf zu verzichten oder mit etwas vorliebzunehmen, das mir nicht vollständig paßt.

Eine Menge von Einrichtungen wirkt daher auch im Dienste des wirtschaftlichen Verkehrs für die bezeichnete Aufgabe. In gewissem Sinne gehört der Handel überhaupt als Vermittler zwischen Erzeuger und Verbraucher hierher. Der Detailhändler führt dabei in der Regel die verwandten Erzeugnisse einer Reihe von Herstellern, ermöglicht daher seinen Kunden eine Auswahl ohne Umständlichkeiten. Ähnlichen Zwecken dienen Mäkler und Vermittlungsgewerbe, das Ankündigungs- und Reklamewesen, die Einrichtung von Märkten und anderes.

Im Vergleiche mit dem auf das mehr zufällige Zusammentreffen der einander ergänzenden Parteien aufgebauten kunstlosen Verkehr ist der vermittelst planmäßiger Veranstaltungen unzweifelhaft der an sich überlegene. Freilich hat diese Verkehrsart auch ihre Schattenseiten, ihre wirkliche Überlegenheit ergibt sich daher erst aus der Gegenüberstellung ihrer Leistungen und Nachteile.

Fürs Heiratswesen stehen nun zum Ersatze kunstlosen Zusammentreffens zwei Veranstaltungen zu Gebote, die auch bei andern Verkehrszweigen wiederkehren: die Vermittlung und die Flucht in die Öffentlichkeit, das ist die Zeitungsanzeige. Beginnen wir mit der Heiratsvermittlung, wobei wir die bloß gelegentlich aus Gefälligkeit oder angeborenem Trieb zum Ehestiften wirkende von der Betrachtung ausscheiden.

Die auf dem Gebiete des Verkehrs überhaupt bestehenden

Vermittlungen weisen, wie bekannt, sehr verschiedene Ausbildungs- und Rangstufen auf, es kommen sowohl kleine schäbige Leute vor, die herumlaufen, um sich eine Belohnung zu verdienen, wie geordnet und dauernd wirkende, allgemein bekannte Vermittler und Vermittlungsanstalten. Die größeren Einrichtungen bieten zunächst den Vorteil, daß sich genügend Parteien bei ihnen von selbst melden und daher gesteigerte Möglichkeit des Zusammenbringens gegeben ist. Eine leistungsfähige Vermittlung, wie sie schon bei manchen Verkehrszweigen besteht, wird sich freilich nicht bloß damit begnügen, auf solche Selbstmeldungen zu warten und dann Parteien mit sich ergänzenden Wünschen einfach aneinander zu weisen. Der gute Vermittler wird sich vielmehr auch als sachkundiger Berater betätigen und demnach nicht um jeden Preis ein Geschäft zustandezubringen, sondern auch seine Auftraggeber vor Mißgriffen zu bewahren trachten. Er wird ferner schöpferisch zu wirken bestrebt sein, d. h. nicht nur darauf warten, daß Parteien aus eigenem Antrieb bei ihm erscheinen, sondern Umschau halten und mit Anregungen kommen, um seinerseits Auftraggeber zu gewinnen, damit sich der Kreis der bei ihm zusammentreffenden Angebote und Nachfragen erweitere.

Die Schwächen der Vermittlung liegen zunächst darin, daß sie Kosten zu verursachen pflegt und, wenn in beschränktem Umfang und ohne ausreichende Hilfsmittel betrieben, wenig Auswahl und somit geringe Gewähr bietet, daß sie die Bedürfnisse ihrer Auftraggeber gut und rechtzeitig befriedigt.

Beim erwerbs- oder gewerbsmäßigen d. h. auf Gewinn ausgehenden Vermittler besteht weiters die Gefahr, daß er sein Geschäft nicht bloß mit lauterer Wahrung der Bedürfnisse seiner Auftraggeber betreibt, sondern einseitig den eigenen Vorteil voransetzt. Dies führt dann zu Täuschungen, nur um einen Abschluß zustandezubringen, zu Übervorteilungen mannigfacher Art, zur Ausnutzung der Unkenntnis und Zwangslage der auf eine Vermittlung Angewiesenen. Namentlich Beobachtungen bei der Dienst- und Stellenvermittlung können in dieser Hinsicht angerufen werden. Sie waren mit ein Grund dafür, daß sich auf dem Gebiete des Arbeitsnachweises nunmehr Verbände der Beteiligten, gemeinnützige Vereine, durch Staat oder öffentliche Körperschaften geführte Anstalten betätigen. Solche Schöpfungen halten sich nicht nur frei von den besonderen Schäden, die der gewerbsmäßigen Vermittlung aus ihrem Gewinnstreben anhaften, sondern können auch einen Betrieb in viel größerem Stile als diese entwickeln. Auch kann ein planmäßiges Zusammenwirken der verschiedenen Anstalten stattfinden. Damit erweitert sich der Markt.

Auf dem Gebiete der Heiratsvermittlung kennen wir keine bedeutsamen Vorkehrungen. Als private Vermittler sind zunächst die Schadchen der jüdischen Kreise bekannt; Dienste von solchen werden oft in den Zeitungen angeboten oder gesucht. Wie Werner in seiner Schrift über die Heiratsannonce mitteilt, liefen einmal auf eine Anzeige in einer Berliner Zeitung 20 Angebote von Schadchen ein, sämtlich mit Namen und voller Adresse, darunter auch von Lehrern und Kantoren auf offener Karte zum Teil mit Vordruck. Verbreitet scheint die Entlohnung in Form eines Prozentsatzes der Mitgift zu sein, in den Beispielen von Werner wurde einmal 1%, in einem andern Falle 1% von jeder Seite gefordert. Auch in andern Kreisen kommen mehr oder weniger anerkannte Heiratsvermittler vor, so auch in ländlichen Gegenden. Daneben gibt es auch in den Städten bureauartig eingerichtete Unternehmungen. Sie suchen bisweilen Kunden anzuziehen durch derbe Reklame, durch Anerbietung ihrer Dienste auf in Zeitungen enthaltenen Heiratsgesuche hin, durch Veröffentlichung von Heiratsanzeigen, wie häufig behauptet wird, verkappter Art, d. h. unter Verschweigung des Umstandes, daß die Anzeige von einem Vermittler herrühre. Gewisse Bureaus sollen auch zugkräftige, wenngleich auf Erfindung beruhende Angebote dieser Art benützen, um sich Adressen von Ehewerbern zu beschaffen. Einzelne Unternehmungen führen auch sehr verlockende Bezeichnungen; so kündigt sich ein solches in Wien als „Goldonkel für alle Welt" an und bezeichnet sich als „ältestes seriöses Unternehmen für seriöse Ehevermittlung jeden Standes". Einige Bureaus veröffentlichen auch Listen, ja förmliche Heiratszeitungen mit Angeboten.

Eine umfassende Untersuchung über die Betätigung der gewerbsmäßigen Heiratsvermittlung fehlt meines Wissens [1]). Vielfach wird großes Mißtrauen gegen sie geäußert, und auch der Wunsch wurde schon vorgebracht, sie überhaupt unter Strafandrohung zu verbieten. Im Deutschen Reiche gilt nach § 35 der Reichsgewerbeordnung die Möglichkeit der Untersagung des Betriebes im Falle dargetaner Unzuverlässigkeit des Inhabers; in Österreich ist die Rechtslage nicht geklärt, die Heiratsvermittlung nicht als Gewerbe im Sinne der Gewerbeordnung angesehen [2]). In beiden Rechtsgebieten sind die dem Heiratsvermittler für den Fall des Zustandekommens der Ehe gemachten Zusagen unklagbar (§ 656 B.G.B. fürs Deutsche Reich, § 879 österr. B.B.G.). Die Kosten für die Benützung sind bisweilen recht erheblich. So berechnet ein Wiener Bureau (1920) einen Spesenbeitrag von 400 Kronen und gewärtigt bei erfolgter Eheschließung seitens der Herren 3% von der erhaltenen Mitgift.

Auch an öffentlichen Anstalten fehlt es nicht gänzlich. So wird von einem städtischen Heiratsamt in Des Moines, der Hauptstadt des amerikanischen Staates Jowa, berichtet [3]), an-

---

[1]) Über schwindelhafte Umtriebe siehe Cronau, Buch der Reklame V, S. 70; St. Swierczewski, Wider Schmutz und Schwindel im Inseratenwesen. 3. Aufl. (1907), S. 38 f.
[2]) Siehe Heller, Kommentar zur Gew.-O. (Wien 1912), II, S. 1652.
[3]) Die Neue Generation, 1911, S. 497.

gesehen als ein „Clearinghaus für verwaiste Seelen". Die Verläßlichkeit der Angabe vermag ich nicht zu überprüfen.

Im Zuge der Kriegsfürsorge ist 1917 in Magdeburg eine Kriegswitwenberatungsstelle entstanden, die dem städtischen Wohlfahrtsamt angegliedert ist, ihre Tätigkeit aber auf die ganze Provinz Sachsen erstreckt[1]). Die Fürsorgestellen für Kriegshinterbliebene teilen der Beratungsstelle die Kriegerwitwen mit, deren wirtschaftliche Lage eine Wiederverheiratung erwünscht macht; umgekehrt senden die Fürsorgestellen für Kriegsbeschädigte Nachrichten über heiratslustige Männer ein. Den Parteien werden Fragebogen zugeschickt, auf Grund der gesammelten Nachrichten wird eine Bewerberliste zusammengestellt, die zur Verbreitung gelangt. Die Beratungsstelle vermittelt Briefwechsel. In der Zeit von September 1917 bis Ende 1918 hatten sich 190 Frauen und 273 Männer gemeldet; Ende 1918 standen noch 344 Personen in Briefwechsel; bis Schluß 1919 hatten 16 Paare mitgeteilt, daß sie die Ehe eingehen wollen. Der Erfolg ist also gering, was aber mit der Unsicherheit der Verhältnisse zusammenhängen mag. Jedenfalls ist die Einrichtung auf besondere Bedürfnisse zugeschnitten.

Die Vermittlungseinrichtungen sind also dürftig entwickelt[2]). Man dachte daher wiederholt schon an N e u e i n f ü h r u n g e n.

In der Zeitschrift des Deutschen Bundes für Mutterschutz „Die Neue Generation" wurde 1913 die Frage der „Organisierung des menschlichen Kennenlernens" aufgegriffen. Eingeleitet wurde

---

[1]) Das Folgende nach Ph. Kuhn, Zeitschr. für Sexualwissenschaft VI, S. 293.

[2]) Auf die Förderung deutscher Ehen in den Kolonien durch Zuführung deutscher Mädchen, wofür sich namentlich der Frauenbund der Deutschen Kolonialgesellschaft betätigte (siehe den Aufsatz von Ph. Kuhn, Öffentl. Gesundheitspflege, 4. Jahrg., 1919, S. 152 f.), sei der Vollständigkeit halber hier noch verwiesen.

die Sache durch einen Aufsatz der Herausgeberin Helene Stöcker; er mündete in eine Aufforderung zur Erstattung von Vorschlägen, wie der Bund und die Zeitschrift den Suchenden zu helfen vermöchten, den innerlich zu ihnen gehörenden Menschen unter den Millionen auch zu finden. Die folgenden Hefte brachten in der Tat mancherlei Anregungen. Man betonte den Wert der Pressevermittlung, da Menschen von gleicher Weltanschauung und gleicher Kulturhöhe oft die gleiche Lektüre haben und es daher nahe liege, dieses Bindemittel gleichsam als Boten dem eigenen Suchen dienstbar zu machen; in einer Zusendung wurde dem Blatte empfohlen, auch weiterhin die von anderer Seite befehdeten Heiratsanzeigen aufzunehmen, jedoch nur solche ohne Vermögensforderungen und mit Angaben über Weltanschauung, Wohnort, besondere Neigungen und anderes. Nach einer weiter ausgesprochenen Anschauung möge die Organisierung der Ehevermittlung angebracht sein bei Menschen tieferer seelischer Entwicklung und geringeren Persönlichkeitswertes, der richtige Weg sei jedoch ein anderer: gemeinsame Arbeit von Mann und Frau auf dem Gebiete des Erwerbslebens, des öffentlichen Lebens vor allem und ganz besonders der geistigen Fortbildung in Vereinen, Volkshochschulen und sozialer Arbeit werde gleichgestimmte Menschen zusammenführen. Andere Anregungen, namentlich von Damen herrührend, lenkten etwas mehr in die bestehenden Verhältnisse ein und liefen hinaus auf die Veranstaltung von allerlei geselligen Zusammenkünften. Bemerkenswert war auch der Vorschlag, den J. Rutgers, Verfasser eines Buches über Rassenverbesserung und Malthusianismus, machte und dem Übel abhelfen sollte, daß ohne förmliche Einführung jede Anrede als unstatthaft gelte, weshalb man sich selbst in größeren Städten als Junggeselle recht einsam fühlen könne. Bureaus für Fremdenverkehr könnten nun an anständige Personen als Mitglieder ein Bundeszeichen zur Verfügung stellen: eine Seite schwarz, dann will man keine

Zurede, die andere Seite hell, dann möchte man sich mit einem anderen Bundesgenossen unterhalten. Wird dieser langweilig, dann wendet man schnell wieder auf schwarz. Das Ergebnis der gesamten Erörterungen war, daß die Schriftleitung im Blatte eine Abteilung als „Briefwechselzirkel" einrichtete, in die Anzeigen zwecks Anbahnung von Bekanntschaften aufgenommen wurden. Die wenigen erschienenen Angebote stellen zumeist Höchstleistungen an Verinnerlichung und Vergeistigung dar. Man sucht natürlich nicht nach Herren in fester Stellung; ebensowenig verlieren die Damen ein Wort über ihr Äußeres. Man wünscht einen Gedankenaustausch über alles, was das Leben schöner, reicher und tiefer macht; ein Mann begehrt einen solchen mit junger Dame, die Interesse für nichts weniger als für alle Fragen der Kunst und Wissenschaft haben soll; es meldet sich eine „Frauenrechtlerin mit ausgeprägtem Verantwortlichkeitsbewußtsein und Willen zur harmonischen Lebensgestaltung" usw. Die Einrichtung des „Briefwechselzirkels" erlosch bald, sei es durch Einwirkung des zum Ausbruch gelangten Krieges, sei es infolge anderer Umstände.

Wertvoll war ein im Zuge der Begebenheiten in der genannten Zeitschrift Nov. 1913 erschienener Aufsatz von Prof. Loewenfeld (München) über „ehrenamtliche Vermittlung in Eheangelegenheiten". Die Lebensverhältnisse einer erheblichen Anzahl heiratsfähiger Personen beider Geschlechter, hieß es darin, erheischen die Hilfe Dritter behufs Erlangung eines geeigneten Ehepartners, für das Mittleramt taugten aber nur intelligente, an Lebenserfahrung und Menschenkenntnis reiche Personen, die eine vertrauenerweckende soziale Stellung einnehmen. Die Gewinnung geeigneter Personen für die Aufgabe von seiten des Staates und der Gemeinden sei nicht zu erwarten, da diese, soweit es sich um vermittelnde Tätigkeit handelt, mit wichtigeren Aufgaben auf sozialem Gebiete bereits beschäftigt sind. Man müsse daher an die Gründung von Vereinen denken.

Andere Stimmen erhoben sich umgekehrt für eine staatliche Heiratsvermittlung.

So die von C. H. Thewalt (Archiv für Raffen- und Gesellschafts-Biologie, 11. Bd., 6. Heft, ausgegeben 1916). Der Genannte denkt an staatliche Nachweise für Heiratswillige in jeder Provinz. Wer die Hilfe einer solchen Stelle beansprucht, hat sich der genauen Prüfung seiner Gesundheit durch den Arzt, seines Vermögens und seiner Einkünfte durch einen ebenfalls der Stelle angehörigen Notar zu unterziehen; Vertrauenspersonen holen inzwischen Auskünfte über erbliche Belastung, schwere Krankheit, Kinderreichtum der Familie ein. Thewalt unterstellt der Einrichtung raffenhygienische Zwecke, die Verdrängung der ohne solche Rücksichten arbeitenden gewerbsmäßigen Heiratsvermittlung. Demnach nimmt er auch die Zurückweisung von (erblich belasteten, geschlechtskranken usw.) Bewerbern unter Berufung darauf in Aussicht, daß die Vorbedingungen für gesunden und auskömmlich gestellten Nachwuchs nicht ausreichend gesichert erscheinen.

Für die Einrichtung einer staatlichen Ehevermittlung setzte sich auch besonders Prof. Robert Stigler (Wien) ein. Nach ihm (Wiener Medizinische Wochenschrift Nr. 38 — 1918) wären vor allem in den großen Städten Eheförderungsstellen zu gründen. Sie würden Listen der Bewerberinnen führen mit Angabe der wichtigsten Personalien, wie Alter, Herkunft, Bildungsgrad, Vermögensverhältnisse und anderes, dann ihre Ansprüche namentlich betreffs des Charakters, der Gesinnung und der Bestrebungen des Gatten, endlich eines ärztlichen Zeugnisses, für dessen Abgabe aber keine Verpflichtung bestünde. Der Mann, der sich meldet, macht gleichfalls die erforderlichen Angaben über seine Person und erhält Einblick in die Liste der Bewerberinnen. Glaubt er darin eine passende Braut zu finden, so gibt er dies dem Amtsleiter kund. Dieser tritt hierauf mit der Geworbenen in Verbindung und macht sie mit den Personalien und dem Lichtbild ihres Bewerbers bekannt, dessen Name noch geheim bleiben kann. Entspricht der Freier der geworbenen Frau, so kann die Eheförderungsstelle zunächst Briefwechsel ohne Namensnennung und schließlich die Vorstellung der Partner vermitteln. Entsprechen diese bei näherer Bekanntschaft nicht, so steht ihnen die weitere Bewerbung auf gleichem Wege stets zur Verfügung. An der Spitze der Ehevermittlungsämter sollten ältere Herren von Bildung und Takt stehen.

Neuestens griff die Frage staatlicher Ehevermittlung fürs Deutsche Reich Prof. Philalethes Kuhn auf (Zeitschrift für Sexualwissenschaft, Dezember 1919). Er denkt dabei an die erwähnte amtliche Vermittlungsstelle in Magdeburg und empfiehlt, nach ihrem Muster im ganzen Reiche an größeren Orten Heiratsämter einzurichten. Bei diesen wären ärztliche Eheberater einzustellen, die für die allmähliche Durchführung rassenhygienischer Grundsätze bei der Vermittlung Sorge tragen; sie hätten überall da auf ärztliche Untersuchung zu bringen, wo ihnen aus dem Schriftwechsel mit den Bewerbern etwas Besonderes auffällt. Die Wirksamkeit der Heiratsämter wäre durch die Tätigkeit von Vertrauenspersonen beiderlei Geschlechts an kleineren Orten und in den einzelnen Bezirken der großen Städte zu erweitern; diese Personen stünden den Ämtern zur Einholung von Auskünften, dann auch den Ehesuchenden zur Verschaffung einer Gelegenheit, sich kennen zu lernen, zur Verfügung.

Wie man sieht, fehlt es nicht an Vorschlägen; auch anderwärts wurde die Einrichtung einer staatlichen Heiratsvermittlung befürwortet, so 1916 in Frankreich durch den Akademiker Eugen Brieux[1]). Trotz aller Wertschätzung des Gegenstandes oder vielleicht besser gesagt infolge der Würdigung seiner Bedeutung

---

[1]) Die Neue Generation 1917, S. 171. — Sein Vorschlag ist mir im Urentwurf nicht zugänglich.

hege ich doch Zweifel, ob die Sache bereits für eine umfassende staatliche Einrichtung reif ist.

Auf dem Gebiete des Fürsorgewesens sind zumeist die privaten Bestrebungen bahnbrechend gewesen. Sie erfolgten im Wege genossenschaftlicher oder noch öfter durch von selbst Unbeteiligten im rein gemeinnützigem Sinne gegründete Veranstaltungen. Private haben damit begonnen, Einrichtungen für Kinderschutz, wie Kindergärten, Mutterberatungsstellen usw., ins Leben zu rufen, sie haben Stiftungen und Gesellschaften für Unterstützungszwecke, für gemeinnützigen Wohnungsbau, Vereine zur Förderung der Arbeitsvermittlung und vieles andere gegründet. Erst hinterdrein, wenn überhaupt, sind amtliche Einrichtungen verwandter Art durch Staat und Gemeinden nachgefolgt. Begreiflicherweise. Für eine amtliche Betätigung eignen sich zumeist erst schon erprobte Dinge. Sache der privaten Bestrebungen ist es, je nach Gedanken, Weltanschauung, Neigungen, Einfällen der einzelnen, dies oder jenes zu versuchen, das eine oder andere Muster auszuprobieren, Erfahrungen zu sammeln über die Bewährung bestimmter Regeln für die Geschäftsführung. Der Staat taugt nicht fürs Experimentieren. Das Experimentieren taugt nicht für den Staat. Die öffentliche Verwaltung ist hierzu nicht beweglich genug; dann auch wäre ein Herumtasten, ein rascher Wechsel in den leitenden Grundsätzen ihrem Ansehen nicht förderlich. Von allem Anfang an mit amtlichen Einrichtungen vorzugehen hieße nur zu leicht sich auf eine bestimmte und vielleicht durchaus nicht die leistungsfähigste Gattung festlegen.

Gerade auf einem so heiklen und unausgeprobtem Gebiete wie dem der Ehevermittlung würde es wünschenswert sein, wenn mannigfache Schöpfungen und Betriebsweisen einsetzten. So, wie es eben jeder versteht. Freilich keine Nebenbuhlerschaft, keine Zersplitterung in dem nämlichen Kreise, wie wir es leider so oft bei den privaten Gründungen wahrnehmen, wohl aber ein Wettbewerb der Formen auf verschiedenen Gebieten, unter Umständen, wo nicht einer dem andern im Wege steht. Im Laufe der Zeit würde sich dann schon Spreu vom Weizen sondern, würden sich vielleicht gewisse Verfahrensarten als bewährt zur Anerkennung durchringen.

Die Führung einer Ehevermittlung läßt sich ja auch unendlich verschieden vorstellen. Man könnte sich dabei auf Listenführung und Überlassung der Auswahl an die Beteiligten beschränken, es ließe sich aber auch an eine mehr beratende, einflußnehmende Mitwirkung der Vermittlungsstelle denken. Ferner ist fraglich, ob und in welchem Ausmaße diese sich über die Richtigkeit der von Bewerbern gemachten Angaben zu vergewissern oder ob sie sich einfach auf Wiedergabe des ihr Mitgeteilten zu beschränken hätte. Andere Fragen betreffen die Zweckmäßigkeit der Ausnützung der Öffentlichkeit durch Herausgabe von Listen oder dergleichen, etwaige Vorkehrungen für Zusammenkünfte, die Einhebung von Gebühren, die Regeln für Zurückweisung bedenklicher Bewerber oder Streichung aus den Listen bei Entdeckung von Unlauterkeiten, die Annahme von Anmeldungen jugendlicher, unselbständiger Personen, der Verkehr mit anderen Ehevermittlungsstellen, die Verbindung mit verwandten Aufgaben, so zum Beispiel mit einer Art Volksberatung in Eheangelegenheiten, mit Vermittlung von Annahme an Kindes Statt.

Kurz, es gibt eine Menge von Spielarten bei der Geschäftsführung, die alle auszuproben wohl nur die ganze Mannigfaltigkeit der privaten Fürsorgebestrebungen imstande wäre.

Ganz besonders wichtig würde es auch sein, die Bevölkerung für die Sache zu gewinnen und namentlich auch solche Schichten zu Zuspruch anzueifern und anzulernen, die hochwertig sind und auf deren Beteiligung nicht verzichtet werden kann, wenn der ganzen Einrichtung nicht ein gewisser Makel, ein gemindertes Ansehen anhaften soll. Für eine solche Werbetätigkeit eignen sich aber private Veranstaltungen besser. Sie stehen übrigens auch dann unter dem Drucke des Wettbewerbs, wenn es keine gleichartigen Unternehmungen auf ihrem Sondergebiete gibt, weil sie unter allen Umständen bestrebt sein müssen, für das von ihnen bebaute Feld Mittel, Persönlichkeiten, Anteil an der öffentlichen Aufmerksamkeit zu gewinnen. Auch fehlt es derzeit noch an einem Stamm von mit der Aufgabe vertrauten Personen. Deren Heranbildung wird nun zuverlässiger im Zuge freier privater Bestrebungen gelingen, schon deshalb, weil dabei leichter auf die Gewinnung und Mitwirkung hochstehender Personen, namentlich auch Frauen, zu rechnen ist, die sich dem Unternehmen rein aus Liebe zur Sache widmen. Pflegt doch auf solche die Möglichkeit schöpferischer, freier Betätigung eine große Anziehung auszuüben. Die Beteiligung bekannter Personen von Ruf wäre übrigens auch deshalb sehr wünschenswert, um der Veranstaltung das so notwendige Ansehen zu sichern und damit auf den Kreis der vorsprechenden Bewerber günstig einzuwirken.

Eine Heiratsvermittlung, die sich über den Stand der jetzigen gewerbsmäßigen erheben will, weist eben besondere Schwierigkeiten auf; deren möglichster Bekämpfung würden ihre ganzen Einrichtungen Rechnung zu tragen haben. Vergleichsweise leicht ist es beispielsweise, bei der Wohnungsvermittlung die Wünsche von Vermieter und Mieter zu erkunden. Auf dem Heiratsmarkt ist es anders: die Parteien werden dem Vermittler weder alles sagen können noch wollen. Es handelt sich um persönliche Eigenheiten und innere Stimmungen, die weder vollkommen zu beschreiben noch leicht zu erkennen sind, die, oft dem Träger selbst nicht klar bewußt, sich jedenfalls dem Urteil eines bloß oberflächlich unterrichteten Dritten nur zu leicht entziehen. Das Äußere wiederum ist stark Geschmackssache; ob und in welchem Grade jemand gefällt, ist im voraus nicht zu bestimmen. Als Stützpunkt für die Vermittlertätig=

keit bieten sich daher vor allem einige wenige leicht überblickbare Eigenschaften dar, wie Alter, Bildung, die aber die Menschen nicht ausreichend kennzeichnen und voneinander abheben, und namentlich die wirtschaftlichen und gesellschaftlichen Verhältnisse, wie Vermögen, Einkommen, Beruf. Bei diesen letzteren sind deshalb die genauesten am meisten in die Wagschale fallenden Angaben und Unterscheidungen hinsichtlich der Ehewerber zu machen, deren Lebensauffassung, Gesinnung und sittlicher Wert entziehen sich nur zu sehr dem Auge und damit der Beachtung des Vermittlers. Das birgt in sich die Gefahr des Abfärbens auf die ganze Vermittlung und den Kreis jener, die sich ihrer bedienen. Dieser Kreis droht damit verengt, einseitig, unverhältnismäßig zusammengesetzt zu werden aus Leuten, denen die äußeren Verhältnisse die Hauptsache, wenn nicht alles sind. Die heute bestehende erwerbsmäßige Vermittlung war nicht imstande und vermutlich auch gar nicht bestrebt, dem bezeichneten Sachverhalt entgegenzuwirken. Das Übrige zur Minderung des Ansehens der Vermittlung besorgte dann die Fragwürdigkeit der ihr gewidmeten Unternehmungen. Vertrauen für eine neue, höhere Ziele verfolgenden Einrichtung zu gewinnen, bei der Geschäftsführung auch mehr erhabene Gesichtspunkte zur Geltung zu bringen, mit alledem auch den Zuspruch guter Kreise zu fördern, wird eine Hauptaufgabe für jede gemeinnützige Schöpfung sein.

Auch ein Einschlag **ärztlicher Beratung** wäre in Erwägung zu ziehen. Die Frage der Erbringung von Gesundheitszeugnissen vor der Eheschließung ist bekanntlich viel besprochen, die Meinungen hierüber sind nicht geklärt. Sicherlich wäre es von Vorteil, wenn der an Heirat Denkende sich vergewissern wollte, ob er selbst die Eignung für die Ehe besitzt, dann auch, wenn er Kenntnis hätte vom Zustand der Person, die er zu heiraten gedenkt. Die Ehevermittlungsstellen könnten da in mancher Hinsicht aufklärend, ja bahnbrechend wirken.

Gewiß ist es leichter, jemand zur Untersuchung seines Zustandes und gegebenenfalls zu einem Verzicht auf die Verfolgung von Heiratsplänen zu bewegen, wenn zunächst nur der Eintritt in die Reihe der Heiratswerber in Frage steht, als wenn es sich schon um die Lösung bereits eingegangener Beziehungen handelt. Ebenso würde jeder bei Anrufung der Vermittlung leicht erkennen, daß sich seine Anziehungskraft ungemein zu erhöhen vermag, wenn unter seinen Personalangaben sich auch eine verläßliche Nachweisung der körperlichen Tauglichkeit befindet. Die Erfahrung wird ja zeigen, ob man sich auf ein aufklärend anregendes Wirken zu beschränken hätte oder weiterzugehen vermöchte, ohne dabei den Zuspruch zur Anstalt zu beeinträchtigen.

4.

Die Zeitungsanzeige wendet sich an die Öffentlichkeit, also an einen bestimmten Beschränkungen nicht unterliegenden Kreis. Die Aussicht, daß das Angebot einer geeigneten Gegenpartei vor Augen komme, ist daher groß.

Das erste Auftreten läßt sich auf England zurückführen[1]). Dort gab Ende des 17. Jahrhunderts in London ein gewisser Houghton ein im wesentlichen für allerlei Ankündigungen bestimmtes Blatt heraus, die Collection for Improvement of Husbandry and Trade. In der Nummer vom 19. Juli 1695 finden sich nun die ersten Heiratsgesuche vor, sie betrafen zwei eheluftige Männer. Offenbar erregte das Verfahren zunächst Bedenken. Houghton sah sich daher veranlaßt, Aufklärungen zu geben. Darnach handelte es sich um ihm bekanntgegebene

---

[1]) Das Folgende, soweit es England betrifft, nach Sampson, A history of advertising (London 1875), die übrigen Angaben nach Tony Kellen, Die Entwicklung des Anzeigen- und Reklamewesens in den Zeitungen, in Meißners Studien über das Zeitungswesen (1907). Zur Geschichte der Heiratsanzeige siehe auch Eugen Dühren (J. Bloch), Das Geschlechtsleben in England, I (1901), S. 140 f.

Wünsche, die er durch Heranziehung von Gegenangeboten im Wege öffentlicher Bekanntmachung zu befriedigen strebte.

In Deutschland taucht 1738 das Heiratsgesuch, und zwar in einem Frankfurter Blatte auf; es ist nicht ganz unbedenklich. Ein „honettes Frauenzimmer" sucht zur „Ausmachung" einer Erbschaft einen guten Doktor oder Advokaten, den zu ehelichen sie sich erbietet, wenn er sich die Sache wohl angelegen sein läßt. Die erste Heiratsanzeige in Österreich dürfte eine 1793 in der „Wiener Zeitung" erschienene sein: ein Mann mit Aussicht auf ein gutes Gewerbe hat eine Gattin nötig, die wenigstens 1500 Gulden besitzt.

Leider ist der Zeitungsanzeige über Heiratswünsche bisher nur spärlich eine ernstere Behandlung zuteil geworden[1]). Trotz ihrer Verbreitung und Bedeutung. Ein Naturforscher unserer Tage, Th. Zell, spricht sogar von einer Heiratsanzeige in der Tierwelt; auch für diese ist das Finden der Geschlechter eine Aufgabe. So springt der Tiger an Bäumen empor und zerkratzt die Rinde, namentlich des Lackbaums, aus dem bei der geringsten Verletzung rubinroter Saft hervorquillt. Die scharfen Augen der Tigerin können nun die rote Schrift des Freiers schon aus weiter Entfernung wahrnehmen; die Schrift vermag auch nicht zu täuschen, die Höhe der Krallenrisse zeigt unfehlbar die Größe, ihre Tiefe die Kraft des Freiers an. Andere Tiere helfen sich wieder anders. Affen klopfen an holen Gegenständen, der Specht trommelt ...

---

[1]) Alfred H. Fried, Kleine Anzeigen. Soziale Streifbilder vom Jahrmarkt des Lebens (1900); J. Werner, Die Heiratsannonce; W. Huck, Die kleine Anzeige (1914); R. Jus, Der moderne Weg zur Ehe (1918). — Beispiele wunderlicher u. dergl. Heiratsangebote in der Presse siehe in den Schriften von Sampson, Dühren, Cronau, bei Lancelotti, Storia aneddotica della réclame, S. 216f. — Die Heiratsanzeigen gaben auch schon mit einen Grund ab das Inseratenwesen in der heutigen Presse überhaupt zu bekämpfen, so bei R. Schmölder, Das Inseratenwesen ein Staatsinstitut, S. 25.

Mögen es nun die Tiere so anpacken, wie sie es gut befinden, bei der Menschheit breitete sich jedenfalls die gedruckte Heiratsanzeige stark aus. Selbst eigene, zur Veröffentlichung von Eheangeboten bestimmte Heiratszeitungen entwickelten sich; schon aus dem Beginn des 18. Jahrhunderts wird ein solches Blatt aus Deutschland „Allgemeiner Heiratsstempel" genannt. In unseren Tagesblättern hat sich das Ehegesuch vor allem in die sogenannten Kleinen Anzeigen verzogen und teilt damit das Schicksal, das diesen überhaupt beschieden ist. Sitte und Gewohnheiten üben, wie bekannt, großen Einfluß darauf aus, wie die Dinge in den kleinen Anzeigen vorgebracht werden; auch verteilt sich der Zustrom der kleinen Anzeigen zu den einzelnen Blättern einer Stadt gewöhnlich sehr ungleichmäßig und nach nicht genau ergründeten Gesetzen. Offenbar sind dabei von großem Einfluß Herkommen und Macht des Beispiels.

Joachim Werner fand in einer nicht angegebenen Zeit, offenbar aber mehrere Jahre vor Kriegsausbruch, in einer einzigen Woche in nur zwölf deutschsprachigen Tagesblättern 1302 Heiratsanzeigen aller Art, das ist 727 von Männern, 457 von Frauen ausgehende, 111 Angebote von Vermittlern, 7 gesuchte Vermittler. Von den 727 Männern hatten 602 einen Beruf genannt. Etwa 70 Fälle hiervon mögen auf Angehörige von Berufen mit akademischer Vorbildung kommen; stark vertreten sind Beamte, vor allem aber Kaufleute und Geschäftsinhaber; etwa 50 entfallen (von den mehrdeutigen Angaben abgesehen, wie z. B. Bäcker, Tischler) unzweideutig auf den Arbeiterstand.

Inbetreff der Heiratsanzeigen scheint im deutschen Sprachgebiet das „Neue Wiener Tagblatt" die größte Menge zu bieten; es steht auch bei der Zusammenstellung von Werner mit 491 in unnahbarer einsamer Höhe. Derzeit ist mit der Beschränkung des Ankündigungsteils der Blätter überhaupt auch die

Zahl der Heiratsanzeigen sehr gesunken. So gab es im genannten Tagblatt an den fünf Sonntagen des Februar 1920 (die jetzt mit den Feiertagen allein für derlei Anzeigen bestimmt sind) rund 700 solche Anzeigen (die Einreihung einzelner Fälle ist zweifelhaft), an den fünf Annoncentagen des März 1920 rund 770, mit einem kleinen Überschuß der männlichen über die weiblichen Gesuche. Bei denen der Männer werden häufiger genauere wirtschaftliche Anforderungen gestellt. Zumeist sind die Anzeigen recht nüchtern; sehr oft spielen ganz praktische Fragen eine hervorragende Rolle, wie Wünsche nach Einheirat, Ermöglichung von Geschäftsgründung oder Geschäftsvergrößerung, Besitz von Wohnung usw. Häufiger suchen die Damen ihre Person herauszustreichen; sie sind dann zumeist lieb, fesch, hübsch, nett, sehr oft häuslich erzogen, wirtschaftlich, vereinzelt auch herzensgut, hochintelligent, interessant. Man liebt es, Mitteilung über Haarfarbe und Größe zu machen; die bei Heiratsanzeigen in Deutschland oft vorfindliche Genauigkeit — Angabe der Körpergröße in Zentimetern — scheint in Österreich nicht verbreitet zu sein. Zumeist bewegen sich die Mitteilungen über die eigenen oder geforderten persönlichen Eigenschaften stark in Allgemeinheiten, so bestimmte wie streng katholisch, tierfreundlich oder dergleichen sind mehr Ausnahmen. Beliebt sind musikalisch, naturfreundlich. Oft werden Wünsche hinsichtlich des Berufes des angestrebten Ehegefährten geäußert; man sucht oder bevorzugt Beamte, Kaufleute, bessere Arbeiter usw., zuweilen hegt man ganz bestimmte Neigungen, z. B. für Straßenbahner, Zuckerbäcker, Goldwarenbranche, Heimarbeiter. Man hofft, solange man lebt. So suchen auch noch Frauen in den fünfziger, Männer in den sechziger, sogar in den hohen sechziger Jahren nach Lebensgefährten.

Die geschilderten Wahrnehmungen über die Anzeigen im „Neuen Wiener Tagblatt" stimmen wohl mehr weniger überein mit Beobachtungen über die Ankündigungen in anderen angesehenen Blättern. Der Mehrzahl nach erscheinen die Anzeigen für die Einleitung bloß von Abenteuern zu schwunglos, zu kleinbürgerlich, sind die Vermögensangaben meist zu bescheiden; man begehrt von den gesuchten weiblichen Personen oft vertrauenerweckende Eigenschaften wie haushälterisch oder dergleichen, namentlich für Mädchen treten häufig Verwandte als Aufgeber der Anzeigen und Vermittler des Verkehrs auf. Eine große Rolle spielen als suchend oder zur Bewerbung zugelassen verwitwete Personen mit Kindern. Die Heiratsanzeigen erwecken daher auch vorwiegend den Eindruck der Ernstlichkeit.

Über den Erfolg der Heiratsanzeigen wissen wir nichts Bestimmtes. Werner teilt eine Reihe von Ankündigungen, die Zahl der auf sie eingelaufenen Schreiben und Proben von solchen mit; über den weiteren Verlauf der Angelegenheiten berichtet er nichts. Den Tiefstand weisen auf ein Graf, der zwecks Heirat die Bekanntschaft vermögender Familien, und ein Schlosser, der ein hübsches Mädchen dienenden Standes sucht; ersterer empfing gar kein unmittelbares Angebot, sondern nur Vermittlerzuschriften, letzterer sechs Briefe von Bewerberinnen mit voller Adresse, also dem Gepräge der Aufrichtigkeit. In der Mitte steht ein Mädchen, das hübsch, unvermögend ist und eine Neigungsheirat anstrebt, mit 45 Bewerbungen und ohne Vermittlerangebote, sowie eine Köchin mit kleiner Ersparnis, die 72 Bewerbungen, darunter 56 mit voller Adresse, verzeichnet. Am meisten Erfolg hatte ein Mädchen mit 100 000 Mark bar und kleinem körperlichen Fehler: 158 Bewerber, hiervon 115 mit voller Adreßangabe und eine Menge Vermittlungsangebote. Die Zahlen sind zur Kennzeichnung dafür geeignet, wie die Bevölkerung und die Vermittler die verschiedenen Aufrufe bewerten.

Auch einer gefälligen Mitteilung aus der Geschäftsstelle des „Neuen Wiener Tagblattes" zufolge ist dort der Einlauf an

Briefen mit Kennwert bei den Heiratssachen bedeutend; durchschnittlich könnten 20, ja 30—40 gerechnet werden; in einzelnen Fällen steige er auf 100 und darüber. Für ein wirkliches Ergebnis spreche auch der Umstand, daß die Wiederholung der Anzeigen ungewöhnlich sei, und daß, soweit äußerlich erkennbar, die Zuschriften von wechselnden Bewerbern herrühren, also nicht wie bei anderen Anzeigengattungen immer wieder die nämlichen Leute an die Inserenten verwandter Angebote herantreten. Es scheint sich also der Kreis der sich Meldenden dem einzelnen Falle anzupassen.

Auch die Ständigkeit und Massenhaftigkeit der Heiratsanzeigen spricht dafür, daß sie ein gewisses Ergebnis zeitigen. Man hält an ihnen trotz der Kosten fest. So wird jetzt im „Neuen Wiener Tagblatt" eine Heiratsanzeige mit 20 Kronen für die fettgedruckte Kopfzeile und mit 10 Kronen für jede Textzeile berechnet. Die in Wien von einer Heiratsvermittlung herausgegebene Heiratszeitung verlangt für Anzeigen bis 20 Worte lang 30, für solche bis 40 Worte 40 Kronen, für ausführlichere noch mehr. Wie es scheint, werden vielfach in den Blättern Heiratsanzeigen überhaupt zu vergleichsweise erhöhten Sätzen berechnet.

Alle diese Ausführungen haben nicht den Zweck einer Plauderei über die Heiratsanzeige. Sie sollen die sachliche Würdigung einleiten. Ein Forscher auf dem Gebiete der Gesellschaftslehre, Georg Simmel[1]), hat bereits zutreffend den Wert der öffentlichen Ankündigung überhaupt und auch der Heiratsanzeige gekennzeichnet, als Hilfe zur Befreiung vom Angewiesensein auf die Zufälligkeit des unmittelbaren Auffindens des Benötigten zu dienen. Er hebt aber auch schon als Schwäche des Heiratsgesuches hervor: die Eigenschaften der Persönlichkeit ließen sich in einer Anzeige nicht mit Bestimmtheit angeben wie

---

[1]) Philosophie des Geldes, S. 398 f.

die Vermögensverhältnisse, es sei aber ein Zug des menschlichen Vorstellens, unter mehreren Bestimmungen des Gegenstandes jene, die mit der größten Genauigkeit anzugeben und zu erkennen sind, auch als die wichtigsten gelten zu lassen. Der Heiratsanzeige werde damit das Eingeständnis des bloßen Geldinteresses aufgeprägt und das bewirke, daß sie gerade bei den differenzierteren Persönlichkeiten unmöglich werde, die am meisten auf sie angewiesen wären.

Im einzelnen aber betrachtet, welche Vorteile und welche Nachteile besitzt die öffentliche Bekanntgabe von Heiratsplänen?

Der maßgebende Vorzug wurde schon gestreift: die Anrufung eines großen Kreises. Damit wächst an sich die Wahrscheinlichkeit, auf eine geeignete Gegenpartei zu stoßen. Wie auch bei sonstigen Bekanntmachungen der Fall, erhöht sich die Wahrscheinlichkeit aber nicht bloß deshalb, weil mehr an sich schon zu einem Entgegenkommen bereite Personen von dem Anbot Kenntnis erlangen. Eine Verbreitung der Kunde vermag auch Kräfte in Bewegung zu setzen, die sich von sich selbst aus gar nicht geregt hätten. So kann eine Anzeige, durch die ein reiferer Mann für sich eine Gefährtin, für seine verwaisten Kinder eine Mutter sucht, wenn es sonst mit den aufgezählten Wünschen und Verhältnissen stimmt, leicht eine Frau, die von sich aus keinen Gatten mehr suchen würde, dazu bringen, an eine Eheschließung zu denken. Zur Größe des Kreises der Empfänger der Botschaft tritt daher auch dessen Erweiterungsfähigkeit.

Die Schwächen der Zeitungsanzeige hängen mit dem von Simmel Berührten zusammen.

Sie kann, auch wenn sie langatmig ausfällt, was jedoch zumeist schon der Kosten wegen gescheut wird, über Wesentliches keine oder nur ungenügende Auskunft geben. In der Regel wird sich weder der Mensch, der sucht, noch der Mensch, der gesucht wird, ausreichend in gedruckten Worten kennzeichnen lassen. Auch dann nicht, wenn der Anzeigenaufgeber selbst imstande wäre, seine eigene Beschaffenheit klar zu beurteilen, was vielleicht noch schwerer ist, als andere richtig einzuschätzen, und befähigt richtig zu erkennen, was ihm nottut. Sogar für einen Meister der Schriftstellerei würde das höchst schwierig sein. Die vergleichsweise aber seltenen Anzeigen, die tiefer in die Schilderung von Gefühlen und Seelenstimmungen eindringen wollen, machen übrigens leicht den Eindruck des Gesuchten, Unwirklichen, Überschwänglichen.

Im Vordergrund so vieler Anzeigen stehen demnach die Äußerlichkeiten, namentlich sind Besitzverhältnisse und Lebensstellung sowie etwa mit der Eheschließung verfolgte oder mitverfolgte praktische Absichten das, was den eigentlich kennzeichnenden und faßbaren Inhalt des Angebots abgibt. Andere immerhin auch noch genauer zu machende Angaben, wie über Alter, Familienstand, passen gewöhnlich auf einen so großen Kreis von Menschen, daß kaum eine erhebliche Förderung der Auswahl, sondern bestenfalls nur der Ausschluß von im Vorhinein Ungeeigneten erzielt wird. Das übrige besorgt die Unvertrautheit der Anzeigenaufgeber mit der Kunst des Ankündigens. Sie begnügen sich mit Allgemeinheiten, während es gerade auf die Hervorhebung der unterscheidenden Merkmale ankommt, und unterlassen, vielleicht schon um Kosten zu ersparen, eine Menge von Angaben, die sehr wohl zu machen und für die Brauchbarkeit der Anzeige sehr nützlich wären. Auch die Einreihung unter die kleinen Anzeigen wirkt vielfach auf eine gewisse Einförmigkeit, Festhalten an abgenützten und daher schon gar nichts mehr besagenden Redewendungen hin.

Insofern diese Mängel zu Schreibereien und Annäherungsversuchen führen, die sich in der Folge, wenn man besseren Einblick ineinander gewinnt, als unnötig und aussichtslos erweisen, sind sie zwar ärgerlich, aber ohne hervorragende Bedeutung.

Die Vermittlung durch Papier und Druck teilt dabei etwas das schon gestreifte Schicksal des Vermittlers von Fleisch und Blut, sie klebt zu sehr an Äußerlichkeiten. Dieser Umstand hat aber hier ebenfalls Folgen, die den sich dort ergebenden verwandt sind.

Das Heiratsgesuch im Wege der Zeitungsanzeige bekommt durch die geschilderte Sachlage leicht einen nüchternen Anstrich, zum mindesten den Anschein ungebührlicher Beachtung der Besitzverhältnisse. Nicht weil notwendigerweise den Heiratswerbern immer oder vorwiegend der Besitz alles, das übrige nichts bedeuten mag, sondern weil die Verhältnisse und Ansprüche hinsichtlich Vermögen und Lebensstellung stets faßlich und unterscheidbar und für die Kunstfertigkeit, über die die Entwerfer der Anzeigen verfügen, darstellbar sind. Auch liegt es bereits in der Natur der Sache, daß man Leute, die wenig oder nichts haben, vielleicht aus Liebe heiratet, aber nicht leicht im Wege von Zeitungsanzeigen absichtlich sucht. Bereits entstandene Gefühle mögen ja alle Bedenken niederringen lassen, aber geradezu seltsam wäre es auf Heiratsgelegenheiten auszugehen, die ein auskömmliches Dasein nicht sicherstellen.

Immerhin mögen die dargestellten Verhältnisse schon von Einfluß sein für die Beschaffenheit des Kreises, der Heiratsanzeigen aufgibt oder beantwortet; es besteht die Gefahr, daß eben vor allem Leute diese Wege betreten, denen das entscheidend ist, was auf ihnen unzweideutig gesagt werden kann.

Daneben wagen sich zweifellos in Gestalt von Heiratsgesuchen, möge auch die große Masse echt sein, vielfach Bestrebungen nach Liebesabenteuern ohne ernstliche Eheabsicht oder nach noch Schlimmerem heraus. Vornehm veranlagten Menschen mag auch die Anrufung der Öffentlichkeit in einer so sehr das Innerste angehenden Sache und die Einleitung eines Verkehrs mit Unbekannten auf Grund von Anzeigen weder für sich selbst zusagen noch vertrauenerweckend berühren.

Gleichwohl kommt auch der Heiratsannonce die ganze Entwicklung des Anzeigewesens der Zeitungen zugute. Sie geht im allgemeinen dahin, den Ankündigungen immer mehr die ihnen vielleicht ursprünglich anhaftende Eigenschaft des mehr Gewagten, Zufälligen zu nehmen. Mächtige Geschäftszweige sind heute schon auf die Benützung des Ankündigungsteiles aufgebaut, die Vielseitigkeit der Ankündigungen nimmt zu. Immer mehr Zwecken werden diese dienstbar gemacht.

In wachsendem Maße treten aber nunmehr Fachkenntnisse in den Dienst auch dieses Teils der Presse; gerade in den fortgeschrittenen Kreisen, die mit ihm zu tun haben, ringt sich ferner immer ausgeprägter das Begehren durch, zum Vorteile aller, die von der Einrichtung Gebrauch machen, diese von Schädlingen zu befreien, die das Vertrauen der Bevölkerung zu den Ankündigungen überhaupt beeinträchtigen.

Auch die Heiratsanzeige kann sich dem allgemeinen Entwicklungsgang einfügen. Übers Ziel ist es daher auch geschossen, wenn manche Blätter ihre Spalten derartigen Anzeigen gänzlich verschließen. Wohl aber ist hierbei — wie bei den Ankündigungen überhaupt — zu wünschen, daß strenge Prüfung walte und auch nur verdächtig Scheinendes abgestoßen werde. Also grundsätzliche Anerkennung, doch genaue Sichtung, soweit durchführbar — das scheint der Weg, das Ansehen der Einrichtung zu heben und damit die Benützung auch durch strenger Denkende zu fördern.

Die Beobachtung zeigt auch, wie berührt, häufig eine unzweckmäßige Abfassung: zu kurze, zu unbestimmte Angebote, Vergeudung von Platz mit überflüssigen, abgeleierten Redewendungen. Nun haben schon einige Schriften versucht, Belehrungen für den Gebrauch von Heiratsanzeigen zu bieten[1]. Ob sie Ausreichendes bieten und in größerem Maße in die Hände der anzeigebereiten Ehewerber gelangen, bleibe dahin-

---

[1] So das schon erwähnte Buch von Jus; dann O. Siemens, Erfolgreiche Inserate, Prospekte, Plakate.

gestellt. Angemessen würde es überhaupt sein, wenn Unterrichtsveranstaltungen und Unterrichtsbehelfe, die irgendwie die Abfassung von Aufsätzen betreffen, auch einige Aufmerksamkeit der Entwerfung von Zeitungsanzeigen widmen wollten. Wenn auch just nicht gerade Heiratsanzeigen als Übungsbeispiele genommen werden müßten, so würde es an sich der Bevölkerung nicht schaden, wenn sie etwas angeleitet würde, wie mit dem Anzeigenwesen umzugehen. Vielleicht könnten auch die Zeitungsverwaltungen und Annoncenexpeditionen erhöhten Einfluß auf die Abstellung unzweckmäßiger Abfassung nehmen und die Ehevermittlungsstellen sachverständigen Rat und gutes Beispiel bieten, besonders wenn sie selbst „Heiratszeitungen" herausgeben oder Heiratsangebote unter ihrer Deckung in geeigneten Blättern veröffentlichen wollten, wie ja auch Arbeitsnachweise schon im Ankündigungsteil erscheinen.

5.

Ich betrachte die Pflege von Einrichtungen zur Erleichterung der Gattenwahl für geboten, ohne daß man just übermäßige Erwartungen hinsichtlich des dabei Erreichbaren zu hegen braucht. Der Gegenstand ist aber viel zu wichtig, als daß wir selbst nur einigen Erfolg verheißende Vorkehrungen vernachlässigen sollten. Weiß jemand wirksamere Formen als Heiratsvermittlung und Heiratsanzeigen, so sei er mit Vorschlägen willkommen. Wie bereits anläßlich der von der „Neuen Generation" veranstalteten Umfrage erwähnt, denkt man ja auch an gewisse die Geselligkeit betreffende Einführungen, und neuestens wiederum tauchte in dieser Zeitschrift (Jänner 1919) die Befürwortung von „Klubs der Jugend" auf, die — etwa unter Mitwirkung und mit Unterstützung der städtischen Verwaltungen — als Vereinigungspunkt von ehelustigen Unverheirateten, gleichzeitig auch als eine Art Auskunftstelle über die Mitglieder zu dienen hätten.

Die Bedeutung des Gegenstandes würde gewiß verschiedenartige Versuche rechtfertigen. Das Sichfinden, ja selbst das Sicherkennen der im höchsten Sinne des Wortes füreinander bestimmten Menschen wird immer stark Sache des Zufalls und des Unterscheidungsvermögens der Beteiligten sein. Bei der Ehe handelt es sich übrigens auch um eine Haus= und Wirtschaftsgemeinschaft. Für die Wetterfestigkeit einer solchen Verbindung durch ein ganzes langes Leben, dafür sind aber wohl auch die äußeren Verhältnisse von größter Bedeutung. Lehrt denn die Beobachtung die durchgreifende Überlegenheit der rein aus Leidenschaft und persönlicher Vorliebe geschlossenen Ehen über jene, bei deren Zustandekommen mehr praktische Erwägungen und ruhige Würdigung aller Umstände, vielleicht auch gerade Dank sei es einer wohlgesinnten Vermittlung, ins Spiel kamen? Stimmen über die Gefahren der ersteren und Vorzüge der letzteren ließen sich leicht sammeln. Viele Menschen leben übrigens abgeschieden oder unter sonstigen Verhältnissen, die für eine Treffgelegenheit sehr ungünstig sind; manche wiederum besitzen besondere Eigenschaften und Bedürfnisse — die Witwe zum Beispiel, die mit dem neuen Gatten das ererbte Geschäft fortführen will —, so zwar, daß nur ein enger Kreis von Ehefähigen paßt, dessen Ausfindigmachung schwer fällt. Jegliche Förderung der einleitenden Schritte und der ersten Auslese, wenngleich zunächst nur nach dem Gesichtspunkt des Zusammenpassens der äußeren Bedingungen, erleichtert den Abschluß befriedigender Heiraten und erhöht die Wahrscheinlichkeit für das Zustandekommen in jeder Hinsicht gelungener Ehen.

Mit Recht warnt auch Rosenthal[1]) dagegen, die Be-

---

[1]) Liebesheirat und Vernunftheirat, Die Neue Generation, Sept. 1911 (mit zum Teile auch den obigen verwandten Bemerkungen zum hier behandelten Gegenstand). Siehe auch seine bemerkenswerten Ausführungen über den Einfluß, den verstandesmäßig erkannte Ehemöglichkeit oder vollzogene Eheschließung auf das Entstehen von „Liebe" nimmt, in dem Aufsatz „Heiratschancen und Liebe", Die Neue Generation, Nov. 1911.

deutung der einleitenden Schritte zur Eheschließung, insbesondere der Form, in der man sich kennen lernt, zu überschätzen. Auch unterlaufen Täuschungen: bei mancher Verheiratung, die man auf zufälliges Bekanntwerden zurückführt, kam in Wahrheit irgendeine Vermittlung oder planmäßige Absicht der Beteiligten ins Spiel. An sich liegt daran nichts Bedenkenerregendes. In letzter Linie hängt es vom Menschen selbst ab, welche Beweggründe auf ihn bei der Eheschließung von Einfluß sind, der eine wird unter allen Umständen mehr seinen Neigungen, der andere mehr berechnender Überlegung folgen.

Man wird also die Ansprüche an irgendwelche Vermittlungseinrichtungen nicht allzu hoch spannen dürfen. Außerdem ist ja die Mehrzahl der Menschen nicht so eigenartig und hoch veranlagt, daß nur die allerausgesuchtesten Kombinationen bei ihren Verbindungen befriedigende Aussichten eröffnen würden.

Die Wichtigkeit all solcher Maßnahmen zur Erleichterung der Eheschließungen ist aber in der Gegenwart nicht allein oder nicht in erster Linie durch Rücksichten auf die Vermehrung der Bevölkerung gegeben. Ich glaube zwar fest an die Zukunft des deutschen Volkes. Zunächst ist diese aber ungewiß, von schweren schwarzen Wolken behangen. Der Bevölkerungszuwachs, wichtig und unerläßlich für die Entwicklung der Volkskraft unter normalen Verhältnissen, ist anders zu beurteilen in Zeiten der Störungen und schwer lastenden Druckes. Was soll uns die Reichlichkeit des Nachwuchses frommen, wenn wir nicht durchgreifend für ihn sorgen können, wenn sie begleitet ist von erhöhtem Drang zum Verlassen der Heimat? Menschliches Empfinden wird etwa durch hohe Kindersterblichkeit noch tiefer berührt sein, vom Standpunkt des Bevölkerungswesens aus vermag uns aber die Auswanderung leicht noch bedenklicher erscheinen. Sie entführt mehr tatkräftige, unternehmungslustige Menschen, also solche von den allgemeinen Durchschnitt überragender Beschaffenheit und wirkt daher auch für eine Minderung des

durchschnittlichen Wertes der im Volke zurückbleibenden Erb=
masse.

Wenn nach dem früher Angeführten ein Forscher wie Loewen=
feld, der an sich an die Berechtigung einer Ehevermittlung glaubt,
von seiten des Staates und der Gemeinden hierbei nichts er=
wartet, da diese, soweit es sich um eine vermittelnde Tätigkeit
handelt, bereits mit wichtigeren Aufgaben auf sozialem Gebiet
beschäftigt seien, so ist mir diese Auffassung nicht recht verständ=
lich. Ich lasse ohne weiteres Zweifel an der Leistungsfähigkeit
von Staat und Gemeinden für diese Aufgabe zu; wenn sie aber
Nützliches hierbei zu vollbringen vermöchten, so würden sie wenig
Bedeutsameres zu tun haben. Die Entschließung, einem Menschen
die Hand zu reichen zu einem Bunde, der zwei Schicksale auf eine
neue Grundlage stellt und in seinen Wirkungen noch übers Grab
hinaus andauert, indem sich die Beschaffenheit der Nachkommen
richtet nach der Verkettung der von beiden Elternteilen über=
nommenen Anlagen sowie der Erziehung, und diese Beschaffenheit
wieder einwirkt auf die Nachkommen jener ersten Nachkommen,
diese Entschließung ist folgenschwer für den einzelnen, fürs
Volksganze. Aber sehen wir ab von allen Ausstrahlungen auf
Volkswachstum, Gestaltung des Rassenwertes oder was immer,
ihr Vorkommen und ihre Wirkungen mögen ja streitig sein —
beim Gelingen für die Auswahl der Ehe handelt es sich um
eine Frage des menschlichen Glückes, des ach oft so armseligen
menschlichen Glückes. Das ist ein fester, Meinungsverschieden=
heiten entrückter Gesichtspunkt. Vor allem von ihm aus sei ernster
Prüfung und werktätiger Beihilfe die Aufgabe empfohlen: trotz
aller Unrast unseres Daseins, trotz aller Schranken, die das Leben
aufrichtet, nach Kräften jene Menschen zusammenzuführen, die
füreinander berufen sind das Wagnis zu bestehen, Freude und
Leid teilen zu wollen und in täglicher und stündlicher Gemeinschaft
vereint zu leben, bis das Auge des einen bricht.

Printed by Libri Plureos GmbH
in Hamburg, Germany